L'ÉTAT VOITURIER

ÉTUDE

SUR LE RACHAT DES CHEMINS DE FER

ET LEUR EXPLOITATION PAR L'ÉTAT

PAR

THÉODORE NICOLESCO

ABSOLVANT DE L'ÉCOLE DES PONTS ET CHAUSSÉES
EX-FONCTIONNAIRE AUX CHEMINS DE FER ROUMAINS, ETC.

PARIS

E. CAPIOMONT & V. RENAULT

IMPRIMEURS DE LA SOCIÉTÉ DES INGÉNIEURS CIVILS

6, rue des Poitevins, 6

1882

A L'ÉMINENT HOMME D'ÉTAT ROUMAIN

M. BASILE BOERESCO

Hommage respectueux.

L'ÉTAT VOITURIER

INTRODUCTION

La double question du rachat des chemins de fer et de leur exploitation par l'État n'est pas seulement une question française, c'est une affaire d'utilité générale dont la solution intéresse la plupart des pays européens. Aussi ne s'étonnera-t-on pas de voir un étranger donner son avis sur un point qui a soulevé tant de discussions.

En France, la question est toujours pendante devant l'opinion publique et devant le Parlement. Sans doute, lors des projets de rachat de la Compagnie d'Orléans, il s'est produit un mouvement d'opinion devant lequel le gouvernement a dû reculer ; sans doute, le ministère actuel en arrivant au pouvoir a fait du maintien du *statu quo* l'un des articles de son programme ; il n'en est pas moins vrai que, dernièrement encore, la question prenait une tournure aiguë et rien ne prouve que nous soyons à jamais délivrés de pareilles crises. Tout le monde sait qu'un parti récemment tombé du pouvoir et qui n'a pas perdu tout espoir de revenir aux affaires, fait du rachat des chemins de fer, l'une des colonnes de sa politique financière. La question reste donc ouverte.

Malheureusement, si elle est toujours à résoudre en France, il n'en est plus de même dans nombre de pays européens. La plupart d'entre eux ont un réseau d'État qu'ils exploitent eux-mêmes. Il en est même qui, comme la Suède, le Danemark ou la Roumanie, ont absolument exclu l'industrie privée. Les résultats obtenus à tous les points de vue sont loin d'être encourageants. Ces déplorables expériences sont de nature à servir de leçon aux pays qui n'ont pas encore glissé sur la pente et qui ont été assez sages pour éviter jusqu'à ce jour de remettre l'exploitation de leurs chemins de fer entre les mains de l'État.

On va probablement m'accuser de confondre à dessein deux questions distinctes, celle du rachat et celle de l'exploitation par l'Etat, et m'objecter que les plus chauds partisans du rachat sont les ennemis les plus acharnés de l'exploitation gouvernementale. Je sais que beaucoup de personnes insistent volontiers sur cette distinction, néanmoins je ne les crois pas aussi fondées qu'elles paraissent l'être théoriquement. En effet, on veut, sans doute, dire par là que l'État après avoir racheté les chemins de fer, les ferait exploiter par des Compagnies fermières : alors, de deux choses l'une, — ou ces Compagnies exploiteraient à leurs risques et périls et dans ce cas elles devraient être maîtresses des tarifs à peu près dans les mêmes conditions que les Compagnies actuelles. Le résultat de l'opération serait de substituer aux six grandes Compagnies, six ou sept ou huit autres grandes Compagnies. On dirait avec raison que ce n'était pas la peine assurément de changer le gouvernement... des chemins de fer. — Ou bien, seconde hypothèse, ces Compagnies fermières exploiteraient aux risques et périls de l'État. Dans ce cas, la Compagnie serait payée à raison de tant par kilomètre d'exploitation, ce serait un forfait entre elle et l'État : il est bien certain que cette Compagnie ne fera rien pour développer le trafic ; l'accroissement des transports devant simplement augmenter ses services sans rien ajouter à ses bénéfices. Peut-être trouvera-t-on une combinaison bâtarde pour l'intéresser à la prospérité de l'entreprise, soit en l'associant aux bénéfices, soit en la payant à raison de tant par train kilométrique ; mais il n'est pas besoin d'être initié à fond au métier pour comprendre à quels abus ruineux pour le concessionnaire, peut donner lieu un pareil mode de rémunération. Et, dans tous les cas, ce mode des Compagnies fermières aurait toujours l'inconvénient de faire élever les tarifs; puisque, outre les charges du rachat et de l'exploitation, il faudrait demander au public l'argent nécessaire pour rémunérer le capital social. A vrai dire, le système des Compagnies fermières n'est pas un système, c'est un simple expédient menant plus ou moins vite à l'exploitation par l'État. Que les partisans du rachat le confessent ; ils veulent rendre l'État maître des tarifs, ce qui entraîne cette conséquence forcée que l'État doit exploiter lui-même. Les deux questions du rachat et du mode d'exploitation ne sont pas si distinctes qu'on veut bien le dire : elles sont au contraire si connexes, si intimement liées l'une à l'autre, qu'elles me paraissent n'en faire qu'une.

En résumé, le but poursuivi par nos adversaires est celui que nous voudrions atteindre nous-mêmes, l'abaissement des tarifs, résultat qui domine toute la question. Mais nous différons pas le moyen et nous ne pensons pas qu'on y arrive par le système de l'exploitation par l'État.

La thèse que je propose, a déjà été soutenue bien souvent et avec des arguments bien divers. Mais le champ de la discussion sur cette matière est immense et l'on ne saurait trop faire, trop dire ou trop écrire pour empêcher la France de suivre les pays voisins dans la voie où ils sont entrés et d'imiter un exemple dont personne jusqu'à présent n'a pu se louer.

Je vais énumérer rapidement les résultats obtenus dans les différents pays de l'Europe par l'État entrepreneur de transports. Je montrerai ensuite les dangers auxquels ce système exposerait les intérêts économiques politiques et sociaux de la France, en prouvant qu'elle n'en tirerait aucune compensation au point de vue financier. Les immenses ressources industrielles, commerciales et administratives du pays se heurteraient en vain à un système qui contient en lui-même un vice indélébile.

Quand je considère les résultats obtenus par les pays de la vieille Europe, exploitant eux-mêmes leurs lignes ferrées, lorsque je vois les États à la constitution robuste et séculaire hésiter pour accepter ce système et finalement, je l'espère, le repousser, je ne puis m'empêcher de trembler pour le sort de ces pays nouveaux où tout est à créer et qui, de prime abord, adoptent cette solution devant laquelle reculent la France et l'Angleterre. Parmi ces pays, il en est un qui intéresse plus directement l'auteur de cette brochure, c'est la Roumanie. J'avoue que je regarde comme un malheur économique la solution qui a triomphé dans mon pays. L'État s'est emparé de tous les chemins de fer et les exploite lui-même, enlevant ainsi à l'initiative privée un instrument commercial merveilleux, un moyen puissant de progrès et de civilisation, préférant, par suite de craintes chimériques, l'étouffer sous les règles inflexibles d'une administration publique et le cantonner dans les limites étroites d'un budget invariable. Pour ma part, j'espère que cette solution n'est pas définitive. Un jour viendra sans doute où le pays, plus fortement organisé, où l'opinion publique, plus sincèrement éclairée, se prononcera d'une façon irrésistible pour le retour à l'industrie privée. C'est une question vitale pour l'avenir de la Roumanie, je le démontrerai dans un ouvrage sur les chemins de fer roumains, que je compte publier ultérieurement et dont cette brochure n'est pour ainsi dire que la préface.

I.

De l'exploitation des chemins de fer par l'État dans les différents pays de l'Europe.

Belgique. — Au 31 décembre 1879, le total des lignes belges était de 4,281 kilomètres, dont 2,662 appartenaient à l'État et 1619 à des Compagnies concessionnaires.

A quelles considérations le gouvernement belge a-t-il obéi en créant ce réseau d'État qui forme plus des 3/5 du réseau total? On se tromperait étrangement en se figurant qu'il y ait jamais eu la moindre vue théorique dans la constitution de ce réseau. Pour s'en convaincre, il suffit de se rappeler l'histoire de la création des chemins de fer belges.

Au lendemain de la formation du nouveau royaume, lorsque l'on commença à créer les chemins de fer, l'État voulut se charger de leur construction à l'exclusion de l'industrie privée, non pas qu'il crût son action supérieure à celle d'une Compagnie concessionnaire, mais parce qu'il craignait que la Société ne fût constituée avec des capitaux orangistes, et que l'administration des chemins de fer ne tombât sous l'influence de la Hollande. Cela est tellement vrai que, du jour où cette crainte disparut, le gouvernement accorda à profusion les demandes de concessions qui lui furent faites, à tel point qu'il y eut en Belgique, en dehors du réseau d'État, cinquante ou soixante Compagnies de chemins de fer.

Ces Compagnies, dont la situation financière était loin d'être brillante, se souvinrent de la devise nationale « l'Union fait la force ». Elles fusionnèrent. C'est alors que furent formées les grandes Compagnies belges, notamment la Société générale d'exploitation, le Grand Central belge et la Compagnie des lignes du Luxembourg.

L'État ne songeait pas du tout à l'augmentation de son propre réseau, lorsqu'il y fut amené par un événement particulier qui, pour ainsi dire, lui força la main. La Société d'exploitation, en réunissant les lignes de diverses Compagnies, avait fini par constituer un réseau faisant à celui de l'État une concurrence dangereuse. Le gouvernement dut la faire cesser en rachetant les lignes concurrentes. M. Philippart, directeur de la Société, avait ainsi mené à bien une expérience qu'il tenta de recommencer un peu plus tard, en France, contre les grandes Compagnies, mais sans le même succès.

Enfin, chacun se rappelle les incidents à la suite desquels l'État belge dut racheter les lignes de la Compagnie du Luxembourg. Ce réseau, construit avec des capitaux anglais, et qui avait failli tomber entre les mains de la Compagnie française des chemins de fer de l'Est en 1869, allait, en 1872, tomber sous l'influence allemande. Le gouvernement se résigna à faire triompher la prépondérance belge en rachetant les lignes.

Voilà comment fut constitué le réseau d'État belge. Le gouvernement n'a pas obéi à des idées théoriques comme celles qu'on expose volontiers en France. Il a simplement cédé à des préoccupations politiques, aux nécessités de la concurrence, à la crainte des influences étrangères.

Quant aux résultats de l'exploitation de ces lignes, pour l'apprécier nous ne pouvons mieux faire que de renvoyer à deux documents belges ayant un caractère officiel :

1° Le rapport présenté à la Chambre des représentants par M. Le Hardy de Beaulieu, sur le budget des travaux publics pour 1880[1] ;

2° Le discours prononcé par M. Graux, ministre des finances, à la Chambre des représentants de Belgique, le 20 avril 1880.

Il ressort de ces documents que les dépenses d'exploitation jointes aux charges du Trésor pour la construction des lignes du réseau d'État et le rachat des lignes appartenant jadis à des Compagnies, dépassent les produits constatés d'environ 5 millions. Il fallait combler ce déficit, soit par l'impôt, soit par l'augmentation des tarifs. On s'est arrêté à cette dernière solution qui, en fin de compte, est la seule juste. On a relevé de 5 pour 100 les tarifs du transport des voyageurs. La mesure

1. Voy. Lettre à M. le Président de la Société des Ingénieurs civils, par L. Molinos. Br. in-8, Chaix, 1880.

a été mal accueillie en Belgique ; tout le monde en demande le rapport. Qu'on se figure les clameurs qu'elle eût soulevées en France !

Il est certain que ce déficit annuel tient à la gestion de l'État : si les lignes appartenaient à des Compagnies privées, avec les mêmes tarifs, elles feraient des bénéfices. Il est absolument indéniable que l'État exploite d'une façon plus coûteuse que l'industrie privée ; je dirai plus tard à quelles causes j'attribue cette différence. Je ne veux pas rappeler le fameux exemple du rachat des lignes du Luxembourg où, par le seul fait de la substitution de l'État à une Compagnie, et malgré une augmentation de 5 pour 100 dans la recette kilométrique, le coefficient d'exploitation monta subitement de 21 pour 100 en un an ; mais on a maintes fois démontré qu'en Belgique, le coefficient d'exploitation de l'État était de 14 pour 100 plus élevé que celui des Compagnies. En effet, pour celles-ci, il n'est que de 56,49 pour 100, tandis que pour l'État, il est de 67,03 pour 100.

Allemagne. — Si de Belgique, nous passons en Allemagne, nous allons trouver à peu près les mêmes résultats. Au 31 décembre 1880, le réseau des lignes allemandes comprenait 32,953 kilomètres, dont 6,947 seulement exploités par des Compagnies.

Sur cet énorme réseau de 26,000 kilomètres de lignes d'État, 12,000 seulement ont été construits par l'État. Le reste provient, soit de la conquête de l'Alsace-Lorraine, soit du rachat fait par l'État aux Compagnies concessionnaires.

Si l'on recherche dans quel esprit ce réseau fut constitué, on se convaincra facilement que, toujours, des préoccupations politiques l'ont emporté sur les raisons économiques. Ces rachats successifs sont la conséquence des tendances centralisatrices et unitaires du chancelier de l'Empire allemand. La meilleure preuve qu'on puisse en fournir, est cette proposition faite par M. de Bismarck, il y a quelques années, d'autoriser l'Empire à racheter tous les chemins de fer exploités par les États allemands ou les Compagnies. C'est un pas de plus dans cette politique césarienne qui veut faire de chaque État allemand, un simple département prussien.

Quoi qu'il en soit, les partisans de l'exploitation par l'État semblent trouver en Allemagne, ce qui n'existe pas ailleurs, un vaste réseau aux mains du gouvernement. En Belgique, l'ensemble des voies ferrées ne dépasse pas la longueur du réseau de la Compagnie d'Orléans.

En Allemagne, au contraire, le réseau d'État est à peu près ce qu'il serait en France, si l'on rachetait tous les chemins de fer. Mais on se tromperait singulièrement en pensant que l'exploitation de ces 26,000 kilomètres est confiée à une seule et même administration. Ces lignes sont partagées entre seize directions, dont une, celle de Strasbourg, relève directement de l'Empire, huit du gouvernement prussien et sept de divers États allemands. Ces directions sont absolument distinctes les unes des autres et forment comme seize Compagnies des chemins de fer de l'État.

Cette manière d'exploiter coûte très cher; le personnel est considérable; si mal rétribué qu'il soit, il absorbe de grosses sommes tous les ans. Néanmoins, c'est en Allemagne où l'État exploite au meilleur compte. Malgré cela, son coefficient d'exploitation est encore de 66,30 pour 100, tandis que celui des Compagnies privées, relativement élevé, n'est que de 58 18 pour 100. Nous arrivons donc à la même conclusion que pour la Belgique, à savoir que l'exploitation par l'État coûte beaucoup plus cher que celle de l'industrie privée.

Autriche-Hongrie. — Dans l'Empire austro-hongrois, comme en Allemagne, nous trouvons un réseau d'État formé peu à peu sous l'influence de circonstances diverses, mais non conçu tout d'une pièce en vertu de principes économiques.

Jusqu'en 1868 la Hongrie, et jusqu'en 1873, l'Autriche n'avaient pas de réseau d'État. Les lignes, d'abord toutes construites par l'État furent cédées en 1856 à deux Compagnies, la *Staatsbahn*, Compagnie autrichienne des chemins de fer de l'État (autrichiens), et la *Sudbahn*, Compagnie des chemins de fer du sud de l'Autriche (lombards). Le réseau se forma assez lentement jusqu'en 1867, époque où commença cette fièvre de construction qui se termina par le fameux *Krach* de mai 1873. Dès 1868, la Hongrie avait commencé la création d'un réseau d'État (125 kilomètres), qu'elle accrut peu à peu par des rachats et des constructions. En 1873, par suite de la situation faite au Trésor public par la catastrophe financière, l'État autrichien dut entrer dans la même voie et suivre les mêmes errements. Une loi de 1877 autorise le gouvernement à exploiter lui-même les lignes qui, pendant cinq ans de suite, lui auront réclamé des sommes dépassant la moitié de la garantie d'intérêts promise et les lignes dont les recettes n'égalent pas les dépenses d'exploitation.

Au 31 décembre 1880, l'ensemble du réseau austro-hongrois comprend 18,458 kilomètres ainsi répartis :

Chemins communs à tout l'Empire exploités par des Compagnies.	5,269 kilom.
Chemins dans les pays cisleithans :	
a. Exploités par des Compagnies........................	7,755
b. Exploités par l'État..............................	979
Chemins dans les pays transleithans :	
a. Exploités par des Compagnies........................	1,817
b. Exploités par l'État..............................	2,618
Total.................	18,458 kilom.

En résumé :

a. Lignes exploitées par des Compagnies....................	14,861 kilom.
b. Lignes exploitées par l'État..........................	3,597

On voit que l'Autriche n'exploite guère que le 1/9 des lignes propres à son territoire, tandis que la Hongrie exploite les 3/5 de celles situées sur le sien. Rien ne prouve mieux que les tendances du gouvernement de Vienne ne sont pas les mêmes que celles du cabinet de Buda-Pesth. Cependant si les principes de l'un sont bons, ceux de l'autre doivent être mauvais, et réciproquement, car je ne suppose pas que la vérité économique change selon que l'on est d'un côté ou de l'autre de la Leitha. Ce qu'il y a au fond de tout cela, c'est l'absence de tout principe et la preuve de ce fait, que la formation du réseau d'État n'est que la résultante d'accidents qui ont forcé la main au gouvernement.

Italie. — C'est encore la même chose en Italie. Nous y trouvons aussi des lignes exploitées par l'état et d'autres par l'industrie privée. Il serait long et difficile de retracer l'histoire du réseau italien à travers toutes les crises politiques et les catastrophes financières au milieu desquelles il s'est formé. Nous retrouvons en Italie, dans la constitution du réseau, les diverses préoccupations, moins économiques les unes que les autres, que nous avons déjà signalées : éviter les influences étrangères, arracher telle ou telle Compagnie à la faillite, assurer l'achèvement de travaux commencés et quelquefois aussi le désir de faire... une bonne affaire au détriment des Compagnies, car il faut avouer qu'elles n'ont pas toujours eu à se louer de leurs rapports avec le gouvernement italien.

Le réseau d'État, tel qu'il se comporte aujourd'hui, comprend 1° les lignes construites par l'État; 2° les lignes formant la concession des chemins de fer de la haute-Italie, rachetées en 1875; 3° les lignes formant la concession des chemins de fer romains, rachetées en 1880. Au 31 décembre 1880, le réseau total des chemins de fer italiens comprenait 8,788 kilomètres ainsi répartis :

Chemins appartenant à l'État et exploités par lui.	2,620 kilom.
Chemins appartenant à des Compagnies et exploités par l'État.	957
Chemins appartenant à l'État et exploités par des Compagnies.	1,281
Chemins appartenant à des Compagnies et exploités par elles.	3,930
Total.	8,788 kilom.

L'État possède donc 3901 kilomètres et en exploite 3577. Cette exploitation a été organisée en 1878 à titre provisoire pour deux ans; depuis, ce terme a été prolongé. La situation est à peu près la même qu'en France. De chaque côté des Alpes, la question du mode d'exploitation des chemins de fer est pendante. Le gouvernement italien a entrepris une vaste enquête sur le régime des chemins de fer. La commission, après de longues études dont le résultat a été publié en 1881, est arrivée unanimement à cette conclusion « qu'il est préférable que l'exploitation des voies ferrées en Italie soit confiée à l'industrie privée. »

Cette solution de la commission italienne est celle à laquelle nous arrivons dans tous les pays où les deux systèmes existent concurremment et où, par conséquent, la comparaison est possible.

De l'étude de ce qui se passe à l'étranger, on peut, je crois, tirer ces conclusions :

1° Dans aucun pays on n'a formé un réseau d'État en vertu d'un principe économique posé *à priori*;

2° Dans tous les pays où se trouvent concurremment des lignes dont les unes sont exploitées par l'État et les autres par l'industrie privée, l'exploitation par le premier système revient sensiblement plus cher que celle par le second;

3° Enfin dans aucun pays, il n'existe une administration d'État ayant à exploiter un réseau plus long que celui de l'une de nos grandes Compagnies. On ne peut donc pas juger, d'après ce qui se passe à l'étranger de ce que serait une administration exploitant un réseau qui, après l'achèvement du programme Freycinet, atteindra environ 40,000 kilomètres.

Les seuls arguments que l'on pourrait y trouver au point de vue français, se retournent précisément contre nos adversaires. Restons donc en France et étudions ce que pourrait y devenir l'exploitation de tous les chemins de fer par l'État.

II

De l'exploitation par l'État, en France, et des dangers de cette exploitation appliquée à tout le réseau au point de vue des intérêts généraux.

Le total des lignes faites ou à faire en France est de 40,595 kilomètres. Il est vrai que, sur ce chiffre, les 3/5 à peine sont construites ou en construction. Néanmoins si le système du rachat triomphait, voilà l'énorme réseau qui tomberait, dans un délai relativement bref, entre les mains de l'État.

S'imagine-t-on ce que serait cette administration colossale ayant un budget de plus d'un milliard et demi, employant plus de 300,000 agents, à la tête d'une exploitation purement commerciale? En laissant de côté la question de l'abaissement des tarifs que j'examinerai plus loin, il y a des gens que ce formidable outil gouvernemental n'effraye pas trop. Ils y trouvent au contraire des beautés qu'un esprit peu politicien ne saurait soupçonner. Pensez donc 300,000 places dans la main du gouvernement! Quel point d'appui pour un cabinet! C'est là, convenons-en, un point de vue tout particulier dans la question qui nous occupe; cet argument, un peu électoral, fait singulière figure dans cette discussion. Cependant je crois que, même sous ce rapport, l'État ferait une mauvaise affaire.

Je ne doute pas un seul instant que cette manne de places ne soit fort goûtée des Français qui, parmi tant de qualités, ont le travers du fonctionnarisme à un degré presque aussi prononcé que les Russes. Comme dit je ne sais quel personnage de Labiche: « Chaque Français vacciné croit avoir droit à une place. » Une place! Voilà l'ambition d'une foule de gens intelligents! Une bonne petite place où l'on va bien tranquillement entre déjeûner et dîner, en attendant sa retraite! C'est bien plus sûr que le commerce; on ne risque pas ses capitaux et l'on n'a pas de responsabilité ! Ces énormités passent naturellement en France. Aussi je ne nie pas qu'en s'emparant des chemins de fer, le gouvernement pourrait faire 300,000 heureux et s'assurer 300,000 dévouements... peut-être, car il faut compter avec l'ingratitude. En échange, qu'arriverait-il? Sur les 10 millions d'électeurs français, il y aurait 300,000 fonctionnaires de plus, mais il n'y aurait peut-être pas un voyageur de moins. Il n'est pas besoin d'être allé bien loin pour s'assurer combien il est difficile de plaire à chacun. Qui de nous n'a pas voyagé dans un train avec deux heures de retard ? Qui de nous n'a pas eu sa valise égarée aux bagages, pour ne parler que de petites misères? Aujourd'hui, nous passons notre mauvaise humeur sur le dos de la malheureuse Compagnie, nous déblatérons à loisir contre l'incurie des agents, contre le hideux monopole, etc... Le jour où les chemins de fer appartiendront à l'État et que surviendront de pareils incidents, sur qui ferons-nous porter les doléances amères dont nous accablons les Compagnies ? Sur l'État, c'est-à-dire sur son représentant. Et pour gagner à sa cause deux ou trois cent mille agents, le gouvernement s'aliénera les sympathies de plusieurs millions de voyageurs. Qu'y gagnera-t-il ?

Sous le rapport des intérêts généraux de la nation, est-il bon d'ailleurs que l'État se substitue partout à l'initiative privée ? N'est-ce pas une thèse mille fois démontrée que l'État doit laisser le champ le plus vaste possible aux individus et ne se charger que des services dont l'exécution ne peut être confiée à des particuliers. Je sais bien que les partisans du rachat sont opposés à cette thèse. Ils pensent que l'État exploitera à meilleur compte que les Compagnies et pourra exécuter les transports à meilleur marché, puisqu'il renoncera, à la rigueur, à tout bénéfice sur cette entreprise, au moins jusqu'au jour où cessera l'obligation de payer l'annuité du rachat. En somme, le but poursuivi est de faire profiter le consommateur des bénéfices réalisés par un intermédiaire.

Cette théorie peut nous mener très loin. L'application qui en serait faite aux chemins de fer constituerait un pas immense et décisif vers la pire des formes du collectivisme, vers le socialisme d'État. Si sous le prétexte que l'État doit supprimer les bénéfices d'un intermédiaire, ou se les approprier pour les besoins communs, vous monopolisez les chemins de fer, vous ne pourrez vous en arrêter-là. Le lendemain, un représentant viendra déclarer à la tribune que la Banque de France, que le Crédit foncier, que toutes les Sociétés de crédits sont des intermédiaires inutiles, à exproprier et à supprimer et conclure au nom des principes appliqués la veille à la monopolisation du crédit. Ce n'est pas tout; on recommencera le même raisonnement pour les Compagnies d'assurances, puis, pour tous les établissements industriels; on s'apercevra ensuite que le *Louvre* ou le *Bon-Marché* prélèvent aussi des bénéfices au détriment du consommateur. Toujours au nom des mêmes principes, l'État les rachètera..... pas cher et les exploitera lui-même. De sorte qu'après avoir vu l'État voiturier, l'État banquier, l'État assureur, l'État filateur, etc., nous finirons par voir l'État *calicot.* Plus d'industriels ! plus de commerçants, tous administrateurs ! Derrière chaque guichet, derrière chaque comptoir, on trouvera un fonctionnaire, et dominant tout, étranglant tout, écrasant tout, cette entité métaphysique, oppressive et sans vie qu'on appelle l'État.

Mais, arrêtons-nous à la première étape de cette genèse et contentons-nous d'examiner l'État propriétaire des chemins de fer et les exploitant lui-même.

Deux fois, en France, nous avons eu le spectacle de cette exploitation. De 1849 à 1852, l'État fut appelé à exploiter lui-même les deux lignes de Versailles à Chartres, et de Paris à Châlon-sur-Saône. En second lieu, on sait que, depuis 1878, certaines parties de la France, principalement dans l'Ouest, sont desservies par des lignes soumises à ce régime. Je ne doute pas d'ailleurs que ces contrées infortunées ne finissent par regretter le service des antiques diligences. Relativement à l'expérience actuelle, le bulletin de statistique du ministère des Travaux publics n'est pas prodigue de renseignements rapides. Mais on peut avoir une idée suffisamment nette de ce que doit être ce service par les résultats obtenus en 1849. M. Jacqmin, mieux placé que tout autre pour bien suivre cette expérience, les a fort bien analysées dans une brochure connue[1].

Tout d'abord, il est bien évident que le jour où tous les chemins de fer seront à l'État, il devra faire gratuitement tous les transports de personnes ou de matériel relatifs aux services publics. Il est non moins certain que l'État devra transporter sans rétribution, tous les agents se déplaçant pour son service. Ces agents finiront par ne plus distin-

1. M. F. Jacqmin, *Étude sur l'exploitation des chemins de fer par l'État*, extrait de la *Revue des Deux-Mondes*, 15 mars 1878. Paris, 1878.

guer nettement les limites du service et de la vie privée; ils obtiendront des permis de circulation permanents. Je ne doute pas un seul instant que d'abord ces permis ne soient délivrés qu'avec une extrême discrétion. On n'en donnera qu'aux ministres et aux préfets, peut-être aux membres du Parlement, (l'État ne saurait faire moins pour eux que les Compagnies). Mais petit à petit le cercle des permis gratuits augmentera; le gouvernement en délivrera bien vite aux sous-préfets, aux ingénieurs, aux directeurs des contributions, aux inspecteurs des forêts, aux généraux, etc... Enfin, l'on arrivera comme en 1849, à demander des permis pour les réfugiés politiques, pour les entrepreneurs de fêtes publiques ou pour des organistes [1].

Ce n'est pas tout! Après les fonctionnaires viendront leurs familles. En 1849, un préfet ne prétend-il pas que son droit de circuler librement comporte celui de se faire accompagner par ses domestiques; cette prétention se renouvellera à chaque instant. Tout fonctionnaire voudra que son permis soit valable pour madame, pour bébé, pour la bonne et pour Azor! N'allez pas croire que je raille; pareil fait ne s'est-il pas produit récemment sur l'une des lignes de la Compagnie d'Orléans? Si l'intéressé, au lieu d'être une Compagnie privée, avait été l'État, pense-t-on que le cabinet aurait réclamé avec beaucoup d'énergie contre les prétentions d'un monsieur dont le vote peut le renverser ou le consolider demain. L'État serait, de cette façon, entraîné dans une foule de compromis auxquels peuvent échapper les Compagnies. Beaucoup plus que l'industrie privée, il aurait à tenir compte des individualités puissantes. Le moyen d'éconduire un député influent qui désirera avoir sa petite station au fond de son parc? Un sous-préfet en tournée ne voulait-il pas, en 1849, faire arrêter un train près d'un passage à niveau pour son usage personnel? En présence de pareils faits, nous quittons le domaine de l'administration pour entrer dans celui du vaudeville. Ce n'est plus sérieux.

L'administration de l'État serait obligée d'entrer dans la voie de concessions beaucoup plus graves encore. S'il est un avantage qu'on fasse sonner bien haut pour justifier le système de l'exploitation gouvernementale, c'est l'uniformité et la fixité des tarifs. J'avoue que je ne vois pas bien le profit que l'on pourrait retirer en général de l'uniformité des tarifs; je crois que, sur ce point, beaucoup de personnes,

1. Voy. Jacqmin, *Op. cit.* (p. 46 et 47).

dans leur manie égalitaire, se font des illusions qui ne reposent sur rien de sérieux. Mais, quand bien même cela serait avantageux, serait-ce possible ? Assurément, les Compagnies ont une foule de tarifications différentes, sans en avoir toutefois le nombre fantastique de 1854 que divers artifices arithmétiques faisaient obtenir à M. Allain-Targé. Mais, de bonne foi, peut-on supposer que ce sont-là les résultats de l'arbitraire et du caprice ? Ces différences ont été imposées aux Compagnies par suite des circonstances économiques dans lesquelles elles se trouvaient. Or, je ne suppose pas que les lois économiques épargneront plus l'État que les Compagnies. Lorsque celui-ci exploitera lui-même, il sera bien forcé de se plier aux événements qui ont influé sur les Compagnies, à moins qu'il ne préfère sacrifier la prospérité des chemins de fer et de l'industrie nationale aux principes d'égalité absolue.

En conservant les différents tarifs actuels, l'État ne fera qu'obéir à des nécessités inévitables. Ce n'est pas ce qu'il faut craindre. Ce qui est à redouter, c'est l'introduction dans le système de tarification, de distinctions tenant moins à des préoccupations économiques qu'à des soucis électoraux. Chaque député demandera pour son arrondissement des dérogations au tarif général et *uniforme*, des diminutions de taxe pour les industries principales de sa circonscription, etc. Le gouvernement aura-t-il toujours la force ou la possibilité de résister à ces obsessions ? Qui nous prouve que nous n'aurons pas des tarifs pour les arrondissements bien pensant et des tarifs pour... les autres, et que le livret-Chaix de l'époque ne deviendra pas le meilleur instrument de propagande électorale. Au milieu de tout cela, que deviendra cette uniformité dont on parle tant ?

A côté de l'uniformité des tarifs, on vante la fixité des taxes que l'exploitation assurera au commerce. Cette fixité, nous le reconnaissons, est absolument indispensable pour les transactions devant se faire à échéances éloignées. Mais pense-t-on que l'État soit plus en mesure de l'assurer que les Compagnies. En général, les variations que les Compagnies font subir aux tarifs sont peu importantes, et presque toujours elles ont pour effet de baisser la taxe. D'ailleurs, si les Compagnies élevaient parfois leurs prix au détriment du commerce, ce serait avec la complicité de l'État, puisqu'aucun tarif ne peut être mis en vigueur sans l'homologation du ministre, qui s'est arrogé le droit de la refuser à son gré. Si l'État consent à être complice, croit-on qu'il aura plus de scrupules quand il sera l'auteur principal des élévations? Du reste, je le répète, je ne vois pas d'exemple d'une mesure modifiant les taxes d'une façon générale dans le sens d'une augmentation sérieuse. Il est même très remarquable qu'à chaque surélévation générale des tarifs, la faute en revenait exclusivement à l'État, qui frappait tout d'un coup d'un fort impôt le transport des voyageurs ou des marchandises.

C'est précisément là le danger du monopole de l'exploitation des chemins de fer. L'État les administrera d'abord dans un sens économique; mais, sous la pression des circonstances, il ne tardera pas à s'en faire une ressource fiscale; dans un moment de crise, on trouvera que c'est un excellent impôt indirect, très productif. En 1871, l'Assemblée nationale s'est contentée d'augmenter de 10 pour 100 les prix des transports en grande vitesse. Il faut lui savoir gré de cette modération; mais il est probable que, si les chemins de fer avaient appartenu à l'État, l'Assemblée en aurait tiré des ressources plus importantes encore en surélevant les tarifs.

Dans l'économie actuelle des finances françaises, il semble que les occasions de recourir à cet impôt extraordinaire seront rares et tout à fait exceptionnelles. C'est vrai, mais je suis persuadé qu'on verra croître et se multiplier ces occasions, aujourd'hui si rares, le jour où l'on se sentira définitivement cette ressource derrière soi. C'est une conséquence fatale, surtout avec le système absurde qui laisse les membres du Parlement partager l'initiative des dépenses avec le gouvernement. Continuellement le commerce devra craindre une surélévation du prix des transports; personne n'osera s'engager dans des marchés à long terme, on redoutera toujours les modifications subites de tarifs. Car il ne faut pas se dissimuler que ces variations pourront se faire beaucoup plus rapidement qu'aujourd'hui : une loi d'urgence peut être votée et promulguée en trois ou quatre jours, tandis que, maintenant, il faut plusieurs mois avant d'obtenir l'homologation d'un nouveau tarif.

Enfin, le commerce est, à l'heure actuelle, à peu près assuré contre les surtaxes exagérées ou imprévues. Il sait bien que si une Compagnie avait des velléités d'en établir, elle serait arrêtée par le gouvernement. L'État protège le commerce, parce qu'en somme il a plus d'intérêt à couvrir de sa haute protection les besoins généraux de la nation que d'augmenter les dividendes de telle ou telle Compagnie. Mais lorsqu'il s'agira, non plus des intérêts d'un particulier mais de ceux de l'État lui-même, lorsque les Compagnies seront supprimées et que toute augmentation entrera dans les caisses de l'État, qui protègera le commerce contre ce gros personnage?

Je n'insiste pas davantage sur ce point; je ne m'arrêterai pas non plus à l'objection tirée de l'intérêt, pour l'État, de posséder tous les chemins de fer au point de vue de la défense nationale : le chauvinisme est la dernière cartouche des causes perdues; mais ici il est inutile. En cas de guerre, on sait que l'État est aussi bien armé que s'il était propriétaire, et, en 1870, les Compagnies de chemins de fer ont prouvé que, le cas échéant, elles ne ménageaient ni leurs peines, ni leur argent pour la défense de la patrie!

Après avoir ainsi examiné les graves inconvénients qu'entraîne, au point de vue général, l'exploitation des chemins de fer par l'État, voyons, en quelques mots, ce que serait cette administration en elle-même. Nous avons, pour nous guider, l'exemple de l'administration actuelle et l'immense arsenal de lois et de règlements qui d'une façon générale régissent toutes les administrations publiques.

Un point, excessivement important en cette matière et dont on ne tient pas toujours suffisamment compte, est celui-ci : une Compagnie de chemins de fer est une chose, un département en est une autre, par conséquent, on ne doit pas les administrer de la même façon. On n'administre pas les chemins de fer, on les exploite; ce sont deux choses absolument distinctes. Que l'on ne m'accuse pas de rétablir la distinction entre la forme et la figure d'un chapeau, cela est d'une importance pratique considérable. C'est en général pour avoir méconnu cette vérité simple, que les États exploitent dans de beaucoup plus mauvaises conditions que les Compagnies. Les Compagnies sont des voituriers en grand, qui n'ont qu'un souci : faire le plus de transports possible. Elles accommodent leur administration aux nécessités de l'exploitation; cette souplesse manque absolument aux administrations d'État; elles sont prises dans des règles inflexibles dont elles ne sauraient s'affranchir.

Si les chemins de fer passent aux mains de l'État, on créera sans doute à l'administration centrale près du ministre une foule de comités consultatifs, comité de la voie et de la traction, comité du matériel, comité de ceci, comité de cela, etc. On ne pourra pas poser une traverse ou repeindre un wagon sans en référer à la Direction générale qui, à son tour, en référera au ministre, lequel devra prendre, avant de statuer, l'avis du comité compétent. Avec la rapidité qui caractérise la bureaucratie française, il y en aura pour six mois. Pour les travaux urgents, faudra-t-il passer par toute cette procédure? Le directeur devra-t-il laisser une voie en mauvais état au risque de faire dérailler les trains, ou bien devra-t-il prendre sur lui de les faire réparer, au risque d'être révoqué?

Une autre série de difficultés naîtra de la rigueur des règles de la comptabilité publique, dont fera partie celle des chemins de fer. Le budget de cette administration sera fixé tous les ans, chapitre par chapitre, et l'on sait qu'en France cette division est poussée assez loin. Ces virements que, dans une administration privée on fait facilement d'un service à un autre, deviennent impossibles sans une loi dans le budget de l'État. Les virements y sont permis entre les différents articles d'un même chapitre; or, il est de pratique constante qu'ils soient faits par arrêté ministériel. On voit donc, par là, qu'il faudra toujours en revenir au ministre, et que ce ministre sera fort occupé. Il en sera, pour les chemins de fer, ce qu'il en a été pour les postes, avec beaucoup moins de raison : on créera un ministère spécial.

L'exploitation marchera tant bien que mal, empêtrée dans toutes les lois administratives. Aux réclamations du commerçant, le chef de gare opposera l'article tant de l'arrêté ministériel en date du..., et si le réclamant n'est pas content, il l'enverra se pourvoir devant qui de droit, avec l'amabilité ordinaire à messieurs les bureaucrates. Quel souci de la prospérité de la ligne peut avoir un gaillard qui ne viendra à son bureau que pour attendre l'heure d'en partir? N'est-ce pas M. Jacqmin qui raconte qu'en Italie les employés des chemins de fer de l'État engageaient tranquillement les commerçants à faire leurs transports par eau? — L'administration des chemins de fer de l'État deviendra comme toutes les autres, une grande machine qui marchera toute seule en vertu de l'impulsion acquise, et dont on ne saurait changer une pièce sans tout détraquer. Mais il n'y aura plus le souffle de l'intérêt privé qui soutient ces entreprises, les vivifie et les fait progresser.

Enfin on trouve déjà que c'est une grosse affaire de plaider contre une Compagnie dont le contentieux est bien organisé et qui recule rarement devant un procès. Quoi qu'il en soit, si l'on veut plaider contre une Compagnie, on le peut toujours, car toujours la Compagnie est responsable de ses actes et de ceux de ses agents : on lui applique l'article 1384, C. civ., comme au premier venu. En sera-t-il de même pour l'Etat[1] ? Admettons un instant l'affirmative. Devant qui plaidera-t-on ? S'il s'agit d'un acte administratif, à défaut de texte, on ira devant le ministre avec appel au conseil d'État. Quelle garantie offrira au justiciable cette juridiction où le ministre est à la fois juge et partie ? S'il s'agit de l'application des tarifs fixés par les lois ou règlements suivant les principes généraux, on plaidera devant l'autorité judiciaire. Devra-t-on déposer le mémoire préalable à la préfecture ? Quant aux accidents, ne les assimilera-t-on pas aux dommages causés par travaux publics ? n'appliquera-t-on pas l'article 4 de la loi du 28 pluviose an VIII ? Pour dire vrai, ce souci est parfaitement inutile. Il en sera pour les chemins de fer comme pour les postes. On limitera les cas où l'État est responsable, puis on limitera la responsabilité elle-même. Un savant, au XXVe siècle, découvrira dans ses fouilles, des tables où l'on attribuera 500 francs pour une jambe cassée, 300 francs pour un bras, 5 francs pour une contusion, etc... Il se figurera mettre la main sur quelques traces du vieux système de composition de la loi des Ripuaires ! Erreur ! Ce sera le tarif fixant la responsabilité de l'État dans les accidents de chemins de fer de l'an 1885. L'irresponsabilité de l'État, voilà le but auquel on aboutira rapidement.

En résumé, lenteur dans le service résultant des règles de l'administration publique, diminution de la prospérité du réseau français causée par l'indifférence des agents, absence de garanties pour les voyageurs et les expéditeurs par suite de l'irresponsabilité de l'État, tels sont les bienfaits que nous ménage l'exploitation gouvernementale des chemins de fer. De si graves inconvénients seraient-ils au moins compensés par quelques abaissements de tarifs ? C'est la question qu'il nous reste à examiner.

III

Le rachat des chemins de fer considéré sous le rapport financier et au point de vue de l'abaissement des tarifs.

On sait dans quelles conditions les chemins de fer ont été concédés aux Compagnies qui les exploitent actuellement. La concession a été

1. La jurisprudence du conseil d'État et du tribunal des conflits admet la négation (Arr. 8 fév. 1873 et 17 janv. 1874).

faite pour quatre-vingt-dix-neuf ans, sous cette réserve que l'État aurait le droit de racheter, quand il voudrait, toutes les lignes concédées depuis plus de quinze ans, moyennant un prix dont les éléments sont fixés par le cahier des charges de 1857.

On pourrait se demander si les conventions relatives à la garantie d'intérêt de 1859, 1869 et 1874 n'ont pas modifié cette clause au moins dans son esprit. Les Compagnies ont consenti à construire des lignes d'un produit négatif qui n'ont eu d'autres effets jusqu'ici que d'empêcher l'accroissement des bénéfices. Si les Compagnies l'ont fait, c'est dans l'espoir que pendant la durée de la concession, ces lignes soit en augmentant elles-mêmes d'importance, soit en accroissant le trafic de l'ancien réseau, finiraient par produire assez pour couvrir les dépenses d'exploitation, rémunérer les capitaux, rembourser les avances de l'État et procurer quelques bénéfices aux actionnaires, les récompensant des sacrifices faits primitivement. Les porteurs d'actions ont consenti à la stagnation des bénéfices dans l'espérance que l'avenir les en récompenserait. Ils ont semé pour récolter. En bonne conscience, a-t-on le droit de les priver de la récolte au moment où elle va mûrir? C'est une observation de justice et d'équité, choses dont les gouvernements font en général assez bon marché quand leurs intérêts n'y sont pas conformes. Examinons donc l'intérêt de l'État dans la question.

A l'expiration des concessions, les chemins de fer doivent faire retour à l'État sans que celui-ci ait à payer d'autre indemnité que celle du matériel roulant, du domaine privé et des approvisionnements estimés à dire d'experts. C'est une merveilleuse combinaison financière, dans laquelle l'État ne peut que gagner et que des amis trop zélés voudraient compromettre. Pourquoi vouloir acheter si cher, ce que l'on aura pour rien avec un peu de patience ! En attendant l'État réalise avec les chemins de fer des bénéfices considérables, qui se confondraient nécessairement avec les recettes générales le jour où les voies ferrées lui appartiendraient. Ce sont des chiffres vertigineux qui pour certaines Compagnies dépassent les bénéfices des actionnaires. Pour l'Est, par exemple, les impôts payés à l'État en 1881, montent à 18.833.108 fr., 82, les économies par lui réalisées à 10.258.735 fr., 26, en tout 29.091.844 fr., 08, alors que le bénéfice des actionnaires n'a été que de 19.961.651 fr., 92. Pour la Compagnie du Nord, les profits retirés par l'État en 1881 atteignent 32.994.125 fr., 75. En dehors de l'impôt sur les transports en grande vitesse, qui donne 88 millions au Trésor, les Compagnies payent à l'État près de 80 millions de contributions. Il n'est pas téméraire de dire que les profits retirés par l'État annuellement des Compagnies de chemins de fer, tant en sommes reçues qu'en économies réalisées dépassent 230 millions. C'est un revenu fort respectable ; il peut permettre à l'État d'attendre patiemment le jour où il deviendra propriétaire définitif des voies ferrées.

Mais, objecte-t-on, les intérêts de l'État ne seraient pas lésés par le rachat. Sa situation financière serait absolument la même qu'à l'expiration des concessions. L'État, pour faire face aux charges du rachat, aura les produits nets des chemins de fer, et il réalisera les augmentations de bénéfices dont profiteraient les actionnaires jusqu'à la fin de la concession : cela lui permettra de baisser les tarifs. Par conséquent la raison que l'État ne doit pas acheter ce qu'il aura plus tard pour rien, n'est pas sérieuse, puisque le rachat ne modifie pas sa situation financière.

A cela nous répondrons par des chiffres, argument éloquent s'il en fût ! C'est à tort que l'on se figure que les charges imposées à l'État pourraient être complètement acquittées avec le produit des tarifs actuels. Sans doute l'État profitera des accroissements futurs des bénéfices ; peut-être même emploiera-t-il ces excédents à diminuer les tarifs. Mais qu'est-ce que cela peut nous faire, s'il est obligé de les élever pour couvrir ses charges au début ? Que l'on ne crie pas à l'invraisemblance : voici les chiffres promis.

En 1881, les recettes brutes des chemins de fer ont dépassé 1,200 millions[1]. Les impôts et les frais d'exploitation déduits, il reste un re-

1. Ce chiffre n'est, bien entendu, qu'approximatif. Il comprend d'ailleurs les impôts payés à l'Etat et le produit du domaine privé des Compagnies. Ce chiffre n'a rien d'exagéré ; en effet, les recettes des six grandes Compagnies seulement se sont élevées à 1,092,006,741 fr. 54, ainsi répartis :

Nord....................	157,201,090	76	
Est.....................	130,405,070	50	
Paris-Lyon-Méditerranée.....	379,545,728	55	(y compris les lignes d'Algérie).
Midi....................	95,072,310	»	
Orléans..................	197,484,728	90	
Ouest...................	132,297,812	83	
Total.............	1,092,006,741	54	

Il est bien évident qu'en estimant à 108 millions le revenu brut des vingt-deux petites Compagnies qui ont encore fonctionné en France pendant l'exercice 1881 et des Compagnies algériennes, nous restons au-dessous de la vérité.

venu net de 550 millions[1] destinés à la rémunération des capitaux engagés dans la construction des lignes, tant sous forme d'actions que sous forme d'obligations.

D'après le cahier des charges, le premier élément du prix du rachat est une annuité à servir pendant le nombre d'années que pouvait encore durer la concession. Elle représente le service de l'intérêt et de l'amortissement des obligations, et la consolidation du bénéfice des actionnaires. La part de l'annuité correspondante à ce dernier élément, doit être égale à la moyenne des bénéfices pendant les sept dernières années, déduction faite des deux plus mauvaises, sans que le chiffre de l'annuité puisse être inférieur au bénéfice du dernier exercice. Comme les produits des chemins de fer augmentent tous les ans, on voit qu'en réalité, l'État devra payer une annuité égale au produit net pendant l'exercice qui précédera le rachat. Ce serait donc, cette année, une annuité de 550 millions environ que l'État devrait répartir entre les Compagnies pendant une période qui varie entre 68 et 78 ans[2].

Ce système ne s'applique pas aux lignes concédées depuis moins de quinze ans. L'État devra les racheter au prix de revient. Notons qu'il n'y a pas lieu de déduire la moindre chose de l'annuité précédente

1. Ce chiffre de 550 millions comprend le service des emprunts et les bénéfices des actionnaires. Le revenu net des six grandes Compagnies a été, pour 1881, de 521,352,645 fr. 23 dont voici le détail :

Nord	72,751,678	78
Est	68,772,337	43
Paris-Lyon-Méditerranée	190,739,253	36
Midi	42,645,576	74
Orléans	99,996,530	30
Ouest	46,447,268	52
Total	521,352,645	23

Sur cette somme la part afférente au capital-action est :

Nord	33,287,582	52
Est	19,961,651	92
Paris-Lyon-Méditerranée	64,790,283	25
Midi	10,620,116	48
Orléans	34,880,267	89
Ouest	11,265,924	64
Total	174.805.826	70

2. Rappelons que les concessions prennent fin aux dates suivantes :

Nord	31 décembre 1950	Midi	31 décembre 1960
Est	27 novembre 1954	Orléans	31 décembre 1956
P.-L.-M.	31 décembre 1958	Ouest	31 décembre 1956

pour ces lignes ; elles sont pour la plupart comprises dans le nouveau réseau et presque improductives, ne laissant aucun revenu net. Il y a environ 5,000 kilomètres dans ce cas. Le prix moyen de revient d'un kilomètre de chemin de fer, en France, est de 445,000 francs. Il est vrai que ces lignes sont presque toutes du nouveau réseau, dont le prix de revient kilométrique moyen est bien inférieur à celui des lignes de l'ancien réseau. Mais en fixant le prix moyen de ces voies à 350,000 francs par kilomètre, ce qui est au-dessous de la vérité, on obtient encore pour 5,000 kilomètres une somme de 1,750 millions [1].

L'État devrait emprunter cette somme ; pour l'obtenir en 3 pour 100 à 83 fr. 25, il faudrait inscrire au Grand Livre une rente de 63,600,000 francs, amortissement non compris, représentant un capital nominal de 2,121 millions. Ce serait donc une rente perpétuelle de 63,600,000 francs.

Ce n'est pas tout. L'État doit reprendre aux Compagnies leurs approvisionnements, leur matériel roulant et leur domaine privé, d'après une estimation faite par des experts. Si l'on se rapporte aux estimations des Compagnies, on arrive bien vite au chiffre de 1,600 millions [2]. Admettons que ce chiffre soit trop élevé, et mettons 200 millions pour

1. En 1878, M. de Freycinet, en développant le programme de travaux publics auquel son nom est resté glorieusement attaché, indiquait comme prix moyen du kilomètre à construire 200,000 francs. L'honorable ministre était obligé de convenir que c'était un minimum qui serait sans doute dépassé. D'ailleurs il ne s'agit pas d'un réseau à construire, mais d'un réseau construit. Or, voici ce qu'a coûté en moyenne à chaque Compagnie un kilomètre de son nouveau réseau, d'après M. Aucoc :

Nord	356,314 francs.
Est	419,009
Paris-Lyon-Méditerranée	439,200
Midi	356,314
Orléans	398,649
Ouest	401,545

On voit donc qu'en fixant à 350,000 francs le prix de revient du kilomètre que l'État devrait racheter, nous n'exagérons rien.

2. Voici pour les grandes Compagnies l'estimation fait dans les derniers rapports au 31 décembre 1881. Ces chiffres sont obtenus en additionnant les sommes représentant : 1° le matériel roulant ; 2° les approvisionnements ; 3° le domaine privé :

Nord	284,594,485 67	
Est	214,969,991 55	
P.-L.-M.	488,415,301 27	(y compris les lignes du Rhône au Mont-Cenis et d'Algérie).
Midi	132,856,890 55	
Orléans	204,295,929 45	(y compris les mines et usine d'Aubin).
Ouest	201,723,790 90	
Total	1,526,856,389 39	

l'exagération. Il restera une somme de 1,400 millions que l'État devra payer dans les trois mois.

Il est vrai qu'il faut déduire de ce chiffre, les sommes avancées par l'État à titre de garantie d'intérêts. Le montant de ces avances[1], en capital et en intérêts, ne doit pas dépasser beaucoup 650 millions. Il resterait donc dû par l'État aux Compagnies 750 millions. Cette somme, émise en 3 pour 100 à 83 25, donnerait une rente de 27 millions, amortissement non compris, représentant un capital nominal de 901 millions.

L'État devrait donc 63 millions de rente d'une part, et 27 de l'autre, en tout 100 millions de rente en 3 pour 100 perpétuel. Pour amortir cet emprunt dans la période pendant laquelle il payera l'annuité principale, soit soixante-douze ans en moyenne, ce ne sera plus 100 millions qu'il lui faudra par an, mais 118 millions.

De plus, l'État perdrait jusqu'à la fin des concessions, les intérêts des 650 millions dus par les Compagnies, et que celles-ci lui soldent en matériel. Au taux de 4 pour 100, payé par les Compagnies, cela représente une perte annuelle de 26 millions pendant la durée du payement de l'annuité principale. L'État perdrait encore d'un autre côté. Les Compagnies de chemins de fer, en dehors des impôts sur les transports en grande vitesse, payent environ 80 millions de contributions. Parmi ces impôts, il en est un certain nombre que les Compagnies payent sur les recettes générales ; tels sont l'impôt foncier, les patentes, les portes et fenêtres, les droits de licence, les estampilles, etc. L'État ne pouvant se payer des impôts à lui-même, perdrait de ce chef environ 20 millions. Je suppose ici que l'on continuerait à percevoir sur la rente représentant les anciens titres de chemins de fer, les droits de transfert et l'impôt de 3 pour 100 sur le revenu, quoique au point de

1. Il est assez difficile d'indiquer le chiffre exact des sommes actuellement dues à l'Etat pour la garantie d'intérêts. Les derniers renseignements officiels à cet égard se trouvent dans le Bulletin du ministère des travaux publics de 1881. Ce document fixe le montant des sommes dues à l'Etat, au 31 décembre 1879, à 603,531,041 fr. 36. Ce chiffre a dû varier depuis. L'Ouest a continué de faire appel à la garantie de l'Etat ; sa dette qui, au 31 décembre 1879, était de 177,528,519 fr. 27 s'est élevée, au 31 décembre 1881, à 218,021,891 fr. 67. Mais, d'autre part, la Compagnie de l'Est a remboursé, en 1880, 366,424 fr. 10, et, en 1881, 3,931,350 fr. 14 ; en tout 4,297,774 fr. 24. Le Midi qui, en 1880, avait encore fait appel à la garantie pour 5 millions, rembourse, en 1881, 6,372,502 fr. 64 ; ce qui laisse sa dette à 39,342,209 fr. 20. La Compagnie d'Orléans vient de rembourser également, en 1881, 9,705,193 fr. 74 ; on voit par là que le chiffre de la garantie d'intérêt n'a pas beaucoup varié, depuis 1879, du chef des grandes Compagnies. Il est vrai que diverses petites Compagnies en ont largement usé.

Un document paru hier, le rapport de M. Ribot, député, sur le projet du budget de 1883, prétend qu'à ce jour les créances de l'Etat contre les Compagnies s'élèvent à 674,726,111 francs.

vue financier, il ne soit peut-être pas sans inconvénient d'avoir des fonds d'État soumis aux impôts dont sont exemptes les rentes françaises.

Si l'on veut se donner la peine d'additionner les différents chiffres que nous venons d'énumérer, on verra que l'annuité à payer jusqu'au jour de l'expiration des concessions, est de 668 millions, auxquels il faut ajouter : 1° une perte annuelle de 26 millions pendant la même période ; 2° une diminution de 20 millions dans le rendement des impôts, soit au total 714 millions, alors que les Compagnies, dans les mêmes conditions, font des bénéfices en ne demandant que 550 millions.

Nous voilà déjà à un chiffre respectable ; cependant, ce n'est pas encore la limite de ce qu'il faudra percevoir sur les transports, pour équilibrer les dépenses des chemins de fer, lorsque le réseau sera terminé.

Actuellement, l'État dispose d'un réseau dont il est propriétaire, et qu'il exploite lui-même. Dans le projet du budget de 1883, nous trouvons l'indication de sa longueur : 2,703 kilomètres dont 1850 environ sont en exploitation. Ce réseau se compose de lignes rachetées aux petites Compagnies depuis 1878, et d'un certain nombre de lignes construites directement par l'État. Si l'on jette un coup d'œil sur le budget spécial des chemins de fer, annexé pour ordre au budget général, on voit que les recettes prévues montent à 26,316,000 francs et les dépenses à 22,205,000 : d'où un excédent de 4,111,000 francs. Mais ne nous y trompons pas, ce n'est qu'un mirage. On se garde bien de porter dans les dépenses la rémunération des capitaux employés au rachat. Ce chiffre, pourtant intéressant, figure perdu parmi beaucoup d'autres, dans la première partie du budget ordinaire. L'emprunt réalisé en 3 pour 100 amortissable, pendant l'année 1878, monte à 439,878,347 francs, représentant une annuité de plus de 16 millions, et, avec l'amortissement, à près de 18,500,000 francs. Voilà donc la somme qu'il faut ajouter aux dépenses prévues au budget des chemins de fer de l'État pour se rendre un compte exact de leur prospérité. On voit qu'elle se chiffre par un déficit annuel de 14 millions. Nous laissons de côté les lignes exploitées par les Compagnies pour le compte de l'État, et celles exploitées directement en régie.

Pour achever le réseau français d'après le programme Freycinet, il reste à construire, tant par l'État que par les Compagnies, environ 16,000 kilomètres de chemins de fer. Si l'État exproprie les Compagnies, c'est à lui qu'incombera le soin de construire ces 16,000 kilomètres. Les lignes qui sont à faire sont toutes d'intérêt secondaire. Par conséquent, elles ne doivent pas donner de résultats beaucoup plus brillants que celles exploitées actuellement par l'État. Nous pouvons donc supposer, sans nous tromper beaucoup, que les conditions d'exploitation seront les mêmes. Or, si pour un réseau de 2,703 kilomètres, le déficit annuel est de 14 millions, lorsque tout le réseau sera construit et que l'État exploitera ces 16,000 kilomètres en plus, le déficit sera cinq ou six fois plus considérable. L'État perdra tous les ans, sur ces lignes, 70 millions. Supposons qu'il exploite dans les mêmes conditions que les Compagnies, c'est-à-dire à 25 pour 100 moins cher, le déficit serait encore de 53 millions.

Comme il est juste que les bonnes lignes compensent les mauvaises, ces 53 millions seront pris sur les recettes des lignes productives.

Nous avons déjà vu que, pour l'exploitation des lignes rachetées aux grandes Compagnies, l'Etat devrait demander au public 714 millions au lieu de 550. Lorsque tout le réseau sera construit, il devra faire produire aux lignes rachetées la somme nécessaire pour combler le déficit des lignes construites par lui, soit 53 millions, au total 767 millions. Par conséquent, sur ces mêmes lignes où le public paye actuellement 550 millions, dans une vingtaine d'années, lorsque le réseau achevé appartiendra complètement à l'État, il devra payer 767 millions, c'est-à-dire 217 millions de plus qu'aujourd'hui.

Jusqu'à présent, j'ai toujours eu soin de supposer que l'État exploiterait, dans les mêmes conditions que les Compagnies, ce qui est aussi généreux que naïf. Dans cette hypothèse invraisemblable, l'Etat devrait obtenir un produit brut comprenant :

1° les 767 millions dont nous venons de parler;

2° 650 millions représentant les dépenses d'exploitation des Compagnies [1] et les impôts que celles-ci perçoivent pour le compte de l'État;

1. Les dépenses d'exploitation des grandes Compagnies ont atteint, en 1881, le chiffre de 500 millions ainsi répartis :

		Dépenses totales d'exploitation.	Par kilomètre.	Coefficients d'exploitation.
Nord....	Ancien réseau.....	64,220,432 73	47,783	46.88 pour 100.
	Nouveau réseau....	10,363,271 63	18,425	67.21 —
	Amiens à Rouen...	3,026,942 96	23,106	62.91 —
		77,610,647 32		

3° 120 millions environ représentant les frais d'exploitation du réseau appartenant aujourd'hui à l'État et dont il achèvera sa construction. Le réseau à construire étant six fois plus considérable que le réseau exécuté et les frais d'exploitation de celui-ci se montant à 22,205,000 francs, le chiffre de 150 millions pour l'ensemble me paraît tout à fait justifié. Mais si l'État exploitait dans les mêmes conditions que les Compagnies, ce chiffre tomberait à 120 millions;

4° 127 millions représentant l'intérêt et l'amortissement du capital dépensé pour les 16,000 kilomètres restant à construire. En admettant le minimum de 200,000 par kilomètre indiqué par M. de Freycinet, en 1878, c'est une dépense minimum de 3,200 millions. Pour obtenir cette somme en 3 pour 100 amortissable, il faudrait émettre un emprunt nominal de 3,640 millions représentant une annuité de 127 millions, amortissement compris.

En résumé, ce serait une recette brute de 1,664 millions que l'État devrait tirer annuellement des chemins de fer, en supposant qu'il exploite avec le même coefficient que l'industrie privée.

Mais il est indéniable que l'État n'exploite pas aussi bon marché que

		Dépenses totales d'exploitation.	Par kilomètre.	Coefficients d'exploitation.
Est......	Ancien réseau.....	22,298,594 14	41,757	39.34 pour 100.
	Nouveau réseau....	38,327,372 73	14,390	53.35 —
		60,625,966 87		
P.-L.-M. .	Ancien réseau.....	143,362,522 10	26,808	37.98 —
	Nouveau réseau....	19,040,729 75	10,996	71.83 —
	Chemins algériens..	4,603,408 »	10,490	58.98 —
	Rhône au Mt-Cenis.	5,812,955 62	40,368	80. » —
		172,829,215 47		
Midi.....	Ancien réseau.....	24,198,377 20	30,324	36.13 —
	Nouveau réseau....	20,815,246 24	13,508	64.37 —
		45,013,623 46		
Orléans..	Ancien réseau.....	38,099,161 63	18,860	31.04 —
	Nouveau réseau....	23,598,978 39	10,076	45.71 —
		61,698,140 02		
Ouest....	Ancien réseau.....	41,177,892 58	52,308	48.52 —
	Nouveau réseau....	36,548,467 29	17,102	92.04 —
		83,726,349 87		
Total général..........		501,503,962 99		

les Compagnies. Nous ne rechercherons pas ici les causes de ce fait, nous nous bornons à le constater; nous l'avons déjà signalé à l'étranger, il existe également en France.

En recherchant, dans les évaluations budgétaires pour 1883, le rapport des dépenses aux recettes, nous trouvons l'énorme proportion de 84,33 pour 100. Au contraire, il est facile de démontrer que le coefficient moyen d'exploitation des Compagnies ne dépasse guère 51 pour 100[1]. C'est une différence considérable. J'avoue que, si tous les chemins de fer étaient entre les mains de l'État, celui-ci, possédant dès lors les lignes productives, son coefficient d'exploitation, diminuerait sensiblement. Supposons que la France exploite dans les mêmes conditions que l'État, le faisant au meilleur marché, c'est-à-dire comme l'Allemagne dont le coefficient d'exploitation est de 66,30 pour 100. Il n'en est pas moins vrai que l'exploitation par l'État coûterait encore en France 22 pour 100 de plus que celle par les Compagnies.

Nous avons vu que les frais d'exploitation de tout le réseau reviendraient environ à 770 millions avec le coefficient des Compagnies. Avec celui de l'État, ce chiffre monterait de 22 pour 100, soit à 960 millions. Ce serait donc encore 170 millions à demander au public, ce qui porterait le total des recettes brutes des chemins de fer à 1,834 millions, sans que l'État fasse un sou de bénéfice.

Laissons de côté l'hypothèse dans laquelle nous supposons l'État français en possession de son réseau complètement achevé. Plaçons-nous dans le cas où se mettrait l'État en rachetant demain les lignes actuellement exploitées par des Compagnies.

J'ai démontré que, si l'État rachetait les Compagnies, pour être indemne, il devrait demander au public 714 millions au lieu de 550. A cette somme il faudrait ajouter les 14 millions que l'État perd annuellement sur les lignes qu'il exploite lui-même. Il ferait supporter aux grandes lignes le déficit des petites, ce qui, d'ailleurs, est fort juste, l'utilité de celles-ci étant d'augmenter le trafic de celles-là. L'État aurait donc à demander 728 millions.

Les Compagnies dépensent pour les frais d'exploitation 650 millions environ. En admettant toujours l'hypothèse favorable à l'État français qu'il exploiterait aux mêmes conditions que l'État allemand, le coefficient d'exploitation n'en serait pas moins augmenté de 22 pour 100,

1. Voy. le tableau des dépenses d'exploitation des grandes Compagnies (p. 27, note 1).

et ce qui coûte 650 millions aux Compagnies reviendrait à l'État à 793 millions. Ajoutant à cela les 22 millions de dépense du réseau d'État actuel, on arrive au total de 815 millions.

Par conséquent, si l'État rachetait les chemins de fer existant au 31 décembre 1881, il lui faudrait demander au public 815 + 728 = 1,543 millions. La recette brute des Compagnies, en 1881, a été d'environ 1,200 millions. En tenant compte des recettes du réseau de l'État, ce serait donc encore 300 millions de plus que les Compagnies, que l'État devrait faire produire aux chemins de fer avant d'encaisser le moindre bénéfice.

Que l'État ne fasse pas de bénéfice sur l'exploitation des chemins de fer, je le conçois, mais il ne faut pas non plus qu'il soit en déficit. La différence devrait être comblée par le budget, c'est-à-dire par tous les contribuables se servant ou non des voies ferrées. S'il faut à l'État 300 millions de plus qu'aux Compagnies, il est juste qu'il les demande à ceux qui emploient les chemins de fer. On voit immédiatement la conséquence, l'État sera forcé d'élever les tarifs dans des proportions importantes. Si, comme nous le pensons, l'abaissement des tarifs est la raison d'être de la question du rachat, nous voilà loin de compte, puisque cette opération qui devait nous donner les transports presque gratis aboutirait simplement à les faire augmenter.

Il est certainement louable de rêver un abaissement des tarifs, et nous sommes les premiers à désirer les transports au meilleur marché possible. C'est même la raison pour laquelle nous sommes hostiles au rachat des chemins de fer. Mais nous pensons que ces abaissements ne peuvent se réaliser efficacement que par l'intermédiaire des Compagnies.

Les tarifs actuels, qui mettraient l'État en déficit, laissent, bon an mal an, aux Compagnies, un bénéfice net de 180 millions, à répartir entre les actionnaires. D'autre part, le produit de l'impôt sur la grande vitesse est évalué, pour 1883, à 88 millions. Cela fait donc 268 millions, dont à la rigueur on pourrait dégrever les transports sans conduire les Compagnies à la faillite.

Ces dégrèvements pourraient être effectués sans compromettre en rien la situation commerciale des Compagnies, ni même les dividendes de leurs actionnaires. C'est un fait qui n'a pas besoin de démonstration, que la consommation est d'autant plus forte que le produit consommé est meilleur marché. Il est absolument certain qu'il y aura d'autant plus de voyageurs que les voyages coûteront moins cher. Il suffirait aux Compagnies de procéder par voie de dégrèvements successifs et modérés ; la perte qu'elles réaliseraient par l'abaissement des tarifs serait compensée par l'accroissement du trafic : la situation financière serait la même.

Que l'État donne l'exemple ; qu'il renonce, en une ou plusieurs fois, aux produits des impôts sur la grande vitesse, les Compagnies sont prêtes à faire un sacrifice parallèle. Dans ces conditions, lorsque l'impôt sera complètement disparu, le prix d'une place de 123 fr. 20 tombera à 76 fr. 80. Malgré cet écart considérable, si les dégrèvements se font avec quelque prudence, les actionnaires du Nord continueront à toucher 77 fr., ceux de l'Est, 33 fr., etc.

De son côté, le sacrifice que l'État s'imposera sera compensé par le développement de la richesse publique ; l'augmentation de la matière imposable résultant de la facilité des transports le couvrira largement de la perte causée par le dégrèvement de l'impôt sur la grande vitesse. D'ailleurs, cette compensation ne dût-elle pas être aussi rapide que je me plais à l'imaginer, il y a, dans le bon marché des transports, un intérêt économique devant lequel disparaît tout intérêt purement fiscal.

CONCLUSION.

Le but des partisans du système que nous combattons est le même que le nôtre : l'abaissement des tarifs dans l'intérêt de la prospérité du pays et de l'accroissement de la richesse publique. Nous ne différons que par le moyen.

Nous avons démontré que le rachat des chemins de fer aurait pour conséquence nécessaire le contraire du but poursuivi, c'est-à-dire l'élévation des tarifs, sans qu'on puisse prévoir à quelle époque ils pourraient être baissés, ni dans quelle mesure ils le seraient. Nous pensons avoir prouvé que la solution du problème est dans l'entente des Compagnies et de l'État, et non dans une vaste combinaison de rachat général, dont le moindre inconvénient, en dehors de la question des tarifs, ne serait pas de troubler profondément le marché financier français, qui est loin d'avoir encore digéré le milliard d'amortissable qu'on lui fit absorber l'an dernier.

A quelque point de vue que l'on se place, rien, absolument rien ne vient fournir le moindre argument en faveur du rachat des chemins de fer et de leur exploitation par l'État. Tout semble, au contraire, se concerter pour défendre le maintien du *statu quo*, pouvant seul donner les abaissements de tarifs que le public français réclame si légitimement.

L'intérêt est un guide excellent! Aussi l'opinion fut-elle bien éclairée en France en se prononçant énergiquement contre toute proposition de rachat des grandes Compagnies. Aucune coterie ne pourra triompher de ce courant, qui est celui de la volonté nationale, en fin de compte, souveraine maîtresse. En vain l'on voudrait en contester l'importance, en vain on cherche à le détruire, comptant pour cela sur l'apathie et le désintéressement habituels au Français dans toute question qui traîne en longueur ou qui l'ennuie; le mouvement sans doute pourra s'assoupir, mais il se réveillerait bien vite le jour où, derechef, les intérêts généraux seraient menacés par de nouvelles tentatives de rachat.

Puisse l'exemple d'une grande nation être salutaire et inspirer quelques sages réflexions aux gouvernements qui se sont imprudemment engagés dans une voie où le pays n'a rien à gagner, et qui compromet si gravement son développement économique. Particulièrement en Roumanie, il semble que l'on ait eu conscience de la faute commise. On ne fit l'opération du rachat qu'en hésitant, et une fois dans cette voie, l'on n'a pas osé aller aussi loin que l'on aurait dû le faire.

Après avoir eu peur de l'influence et des capitaux prussiens, après avoir racheté toutes les lignes construites à frais énormes et dans les plus mauvaises conditions par le docteur Strüssberg, le gouvernement n'a pas eu l'énergie nécessaire pour achever l'œuvre et congédier le personnel hétérogène amené par ce triste personnage. Leur patron quitta la Roumanie pour aller échouer sur les bancs de la cour d'assises en Russie; malgré cela, les créatures de Strüssberg sont restées en possession de tous les postes de l'administration des chemins de fer, comme des barbares dans un pays vaincu. Le gouvernement semble préférer aux citoyens roumains cet amas de Prussiens, d'Autrichiens, de juifs polonais, à la capacité douteuse et à la moralité équivoque. Il ne faudrait pas creuser bien à fond dans leur existence pour trouver la tare qui les a fait quitter leur patrie : officiers dégradés, fonctionnaires prévaricateurs, tout ce qu'il y a de vil en Autriche, en Prusse ou en Pologne semble avoir trouvé un refuge dans les chemins de fer roumains. Si du moins ils faisaient oublier leur passé par des capacités hors ligne, l'hésitation du gouvernement se comprendrait ! Mais ce sont tous des hommes au-dessous du médiocre, dont la plupart seraient bien embarrassés d'exhiber le moindre diplôme ! *Leur mérite est à la hauteur de leur moralité !* Il y a là pour le gouvernement roumain une œuvre d'assainissement; qu'il purifie sans retard, la salubrité publique l'exige.

C'est déjà bien assez pour mon pays d'avoir pris en main le triste héritage de Strüssberg, sans conserver encore son personnel. Que l'on épure à force ! — Lorsque l'exploitation de nos voies ferrées sera confiée entièrement à des Roumains, on aura fait un pas immense vers le mieux, vers la possibilité de constituer des Compagnies privées d'exploitation, non plus avec des capitaux étrangers, mais avec de l'argent roumain. Sous ce rapport, la Roumanie marchera dès lors de pair avec les nations qui guident le progrès, avec la France et l'Angleterre.

Je disais, au début de cette brochure, que j'espérais voir la Roumanie revenir un jour aux saines traditions économiques en remettant à l'industrie privée l'exploitation de ses chemins de fer et en renonçant à un système, qui retarde d'un demi-siècle tout progrès industriel. Je termine en souhaitant que l'exemple de la France lui rende facile cette conversion et l'encourage à la hâter.

www.ingramcontent.com/pod-product-compliance
Ingram Content Group UK Ltd.
Pitfield, Milton Keynes, MK11 3LW, UK
UKHW021210230726
13926UKWH00001B/438

9 782014 053623